## Krippen und Schwibbögen

Krippen und Schwibbögen sind klassische Weihnachtsmotive, die einerseits eine lange Tradition haben und andererseits immer wieder zu neuer Gestaltung einladen. Klassische Interpretationen des Themas wecken nostalgische Gefühle und Kindheitserinnerungen, originelle Ideen bringen dagegen frischen Wind in unsere Weihnachtsdekoration.

Gehen Sie auf Entdeckungsreise durch dieses Buch und lassen Sie sich überraschen: Sie werden unter den vielen verschiedenen Krippen und Schwibbögen, die mal traditionell, mal modern, aber immer filigran gearbeitet sind, bestimmt Ihr ganz persönliches Lieblingsmodell finden.

Viel Spaß dabei wünscht Ihnen

Angelika Kipp

Die Motive lassen sich in folgende Schwierigkeitsgrade unterteilen:

● ○ ○ einfach ● ● ○ etwas schwieriger ● ● ● anspruchsvoll

**IHRE GRUND-AUSSTATTUNG**

Die hier aufgeführten Materialien und Hilfsmittel benötigen Sie immer wieder, sie werden in den einzelnen Materiallisten nicht erwähnt.

- Architekten- oder Transparentpapier
- kleine, spitze Schere
- Schneidemesser mit geeigneter Schneideunterlage
- weicher Radiergummi
- Lineal
- Lochzange
- Klebefilm
- weicher Bleistift (HB), harter Bleistift (2H)

# So wird's gemacht

1 Transparentpapier mit etwas Klebefilm auf der Vorlage befestigen. Das Motiv mit einem weichen Bleistift durchzeichnen.

1

2 Zum Übertragen der Vorlage das Transparentpapier abnehmen, wenden und mit Klebefilm auf dem ausgewählten Tonkarton fixieren. Die Linien mit einem harten, spitzen Bleistift nachziehen.

2

3 Das Motiv mit Schere und Schneidemesser ausschneiden. Evtl. vorhandene Bleistiftstriche mit einem weichen Radiergummi entfernen. Das seitenverkehrte Motiv wenden, dann entspricht es der Abbildung im Buch.

3

## Kerzenpyramide

Beschreibung Seite 4

# Kerzen-pyramide

→ Licht in der Dunkelheit

**MOTIVHÖHE**
ca. 47 cm

**MATERIAL**
- Fotokarton in Vanillegelb, A2

**VORLAGENBOGEN 1A**

Abbildung Seite 3

Das Motiv wie auf Seite 2 beschrieben aus dem Fotokarton ausschneiden.

**Tipps:** Auch in Gold oder Silber ist die Kerzenpyramide sehr dekorativ.

Sie können auch Maria und Joseph mit dem Kind samt Untergrund separat ausschneiden und einige Sterne um die Szene herum anordnen.

# Winterlicher Kerzenschein

→ mit Schneekristallen und Eiszapfen

**MOTIVHÖHE**
ca. 28 cm

**MATERIAL**
- Fotokarton in Hellblau, A3

**VORLAGENBOGEN 1A**

Den Schwibbogen wie auf Seite 2 beschrieben aus dem Fotokarton ausschneiden.

**Tipps:** Einzelne Eiskristalle können um die Szene herumwirbeln.

Der Schneemann und der kleine Junge einzeln ausgeschnitten machen sich auch sehr gut.

# Heilige Nacht

→ dekoratives Krippenensemble

**MOTIVHÖHE**
ca. 36 cm

**MATERIAL**
- Fotokarton in Weiß, A2

**VORLAGENBOGEN 1B**

Das Motiv wie auf Seite 2 beschrieben aus dem Fotokarton ausschneiden.

**Tipp:** Die Szenerie lässt sich vergrößern, indem man beliebig viele Schafe, Sterne oder Bäume ausschneidet.

# Wildfütterung

→ nachts im Sternenschein

**MOTIVHÖHE**
ca. 32 cm

**MATERIAL**
- Fotokarton in Gelb, A2

**VORLAGENBOGEN 2A**

Das Motiv wie auf Seite 2 beschrieben aus dem Fotokarton ausschneiden.

**Tipp:** Die Tiere können auch separat geschnitten und als Reihe hintereinander an Ihrem Fenster dekoriert werden.

# Auf dem Weg zur Krippe

→ dem Stern folgend

**MOTIVHÖHE**
ca. 30 cm

**MATERIAL**
- Fotokarton in Orange, A2

**VORLAGEN-BOGEN 2A**

Die Krippe wie auf Seite 2 beschrieben aus dem Fotokarton ausschneiden.

**Tipps:** Dieser Aufsteller lässt sich problemlos zum Fensterbild umfunktionieren, indem das Motiv nicht geknickt wird.

Sie können aus der Krippe auch ein dreiteiliges Fensterbild machen. Pausen Sie dazu die mittlere und die Seitenszenen einzeln ab und ergänzen Sie die Hügel, auf denen der Hirte und die Könige stehen.

# Tannenbaum im Lichterglanz

→ mit zwei Engelchen

**MOTIVHÖHE**
ca. 31 cm

**MATERIAL**
- Fotokarton in Weiß, A2
- Strasssterne in Silber, 2 x ø 1 cm und 16 x ø 6 mm
- Alleskleber, z. B. UHU

**VORLAGENBOGEN 1B**

Den Schwibbogen wie auf Seite 2 beschrieben aus dem Fotokarton ausschneiden und die Strasssterne auf beiden Seiten deckungsgleich aufkleben.

**Tipp:** Sehr hübsch wirkt das Motiv auch, wenn man die Sterne auf dem Tannenbaum und den Kleidchen der Engel in Gold oder Silber aufklebt, anstatt sie auszuschneiden.

# Eisbärenweihnacht

→ zwei fröhliche Gesellen

**MOTIVHÖHE**
ca. 40 cm

**MATERIAL**
- Fotokarton in Mittelblau, A2

**VORLAGENBOGEN 3A**

Das Motiv wie auf Seite 2 beschrieben aus dem Fotokarton ausschneiden.

**Tipp:** Wenn Sie noch einige Eisbären separat schneiden, können Sie diese beidseitig neben dem Motiv positionieren.

# Weihnachts-abend

→ runde Krippenszene

**MOTIVHÖHE**
ca. 42 cm

**MATERIAL**
- Fotokarton in Weiß, A2

**VORLAGENBOGEN 2B**

Die Krippe wie auf Seite 2 beschrieben aus dem Fotokarton ausschneiden.

**Tipp:** Dieses ausgefallene Motiv sieht auch sehr schön in Vanillegelb aus. Sie können auch kleine Strasssteine in der Farbe Ihrer Wahl aufkleben.

# Nikolaus

→ effektvoll in Rot

**MOTIVHÖHE**
ca. 38 cm

**MATERIAL**
- Fotokarton in Rot, A2

**VORLAGENBOGEN 2B**

Den Nikolaus wie auf Seite 2 beschrieben aus dem Fotokarton ausschneiden.

**Tipp:** Sie können den Weihnachtsschlitten auch separat ausschneiden. Fertigen Sie dazu noch den Mond und einige kleinere Sterne und arrangieren Sie sie um das Motiv herum.

# Die Weihnachtsgeschichte

→ in drei Teilen

**MOTIVHÖHE**
ca. 41 cm

**MATERIAL**
- 2 x Fotokarton in Weiß, A2

**VORLAGEN-BOGEN 3B**

Die Krippe wie auf Seite 2 beschrieben aus dem Fotokarton ausschneiden.

**Tipps:** Das zentrale Krippenmotiv ist auch für sich genommen sehr schön.

Diese Krippenszene ist ein tolles Weihnachtsgeschenk, das bestimmt gut ankommt.

# Waldkrippe

→ mit Rentier und Fuchs

**MOTIVHÖHE**
ca. 44 cm

**MATERIAL**
- Fotokarton in Hellblau, A2

**VORLAGENBOGEN 1A**

Das Motiv wie auf Seite 2 beschrieben aus dem Fotokarton ausschneiden.

**Tipp:** Auch in Weiß, Silber oder Gold sieht die Waldkrippe sehr hübsch aus.

# Klassische Weihnachtsszene

→ ... und sie legten es in eine Krippe

**MOTIVHÖHE**
ca. 40 cm

**MATERIAL**
- Fotokarton in Weiß, A2

**VORLAGEN-BOGEN 3A**

Das Motiv wie auf Seite 2 beschrieben aus dem Fotokarton ausschneiden.

**Tipp:** Wenn Sie den kleinen Engel aus der runden Krippe (Seite 14/15) samt dem Stern, den er in den Händen hält, separat ausschneiden, kann er dem Engel in dieser Krippenszene Gesellschaft leisten.

# Hell erleuchtete Kirche

→ stimmungsvoll in Gold

Das Motiv wie auf Seite 2 beschrieben aus dem Fotokarton ausschneiden.

**Tipp:** Einzeln geschnittene Sterne können die Pyramide umgeben.

**MOTIVHÖHE**
ca. 43 cm

**MATERIAL**
- Fotokarton in Gold matt, A2

**VORLAGENBOGEN 3A**

**DIESES BUCH ENTHÄLT 3 VORLAGENBOGEN**
Hilfestellung zu allen Fragen, die Materialien und Bastelbücher betreffen: Frau Erika Noll berät Sie.
Rufen Sie an: 05052/911858*

*normale Telefongebühren

## IMPRESSUM

FOTOS: frechverlag GmbH, 70499 Stuttgart; Fotostudio Ullrich & Co., Renningen
DRUCK: frechdruck GmbH, 70499 Stuttgart



Auflage: 5. 4. 3. 2. 1.
Jahr: 2012 2011 2010 2009 2008 [Letzte Zahlen maßgebend]



ISBN 978-3-7724-3707-6
Best.-Nr. 3707